LA ÓPTICA SUTIL

Lorenzo Oliván

La óptica sutil

IX Premio de Aforismos
Rafael Pérez Estrada
Renacimiento

www.editorialrenacimiento.com
POLÍGONO NAVE EXPO, 17 • 41907 VALENCINA DE LA CONCEPCIÓN (SEVILLA)
tel.: (+34) 955998232 • editorial@editorialrenacimiento.com

Dibujo de portada: Rafael Pérez Estrada, *La voyeur del arco iris.*
Clase de física de las señoritas rococo, lección 1ª de óptica. 1988, 32×22 cm.

Diseño de cubierta: Equipo Renacimiento

DEPÓSITO LEGAL: SE 2704-2024 • ISBN: 979-13-87552-15-2
Impreso en España • Printed in Spain

1.

E L aforismo se muestra como un todo tan pequeño, que parece un fragmento para ser completado. He ahí su humildad y su grandeza.

2.

QUIERO que el pensamiento vaya a su aire, y allí, justo en su centro, se haga un nido.

3.

Lo racional, como su nombre indica, parcela y pone límites. Y la mente es una gran curva sin fin.

4.

Me gusta la magia absurda de un trueno transfor-
mando el cielo en piedra.

5.

Los recuerdos hacen de quienes fuimos lo que somos.

6.

Lo que más hay en el fondo de cualquier mirada es tiempo.

7.

EN la mejor poesía habla una lengua ciega que hace ver.

8.

La belleza es un espejismo de inmortalidad, que deja
a quien la observa mucho más indefenso ante su pro-
pia muerte.

9.

¿Y si todo abismo pronuncia en realidad nuestro más secreto nombre?

10.

Los cuerpos quizás pueden fundirse y enredarse en
la noche, pero dos cabezas nunca duermen cerca,
aunque duerman juntas.

11.

E<small>L</small> misterio de las manos es que muestran, a la vez, nuestra parte más humana, sin tapar la animal.

12.

Somos un país que quizá hace tanto ruido para no oír lo que piensa.

13.

QUIEN más flexible sea con las palabras más bailará
con ellas.

14.

HAY familias tan unidas que me alegra que no me dejen entrar.

15.

Es como si la lluvia, en el aire, no tuviera sentidos y, en contacto con la tierra, los aprendiese todos.

16.

CON las huellas dejadas en las playas el mar busca
naufragios.

17.

ME gustan esas mujeres que pasan y se alejan llevándose caminos.

18.

Lo que, a lo largo de los años, la sangre aprende de nosotros lo dice, allá en su idioma, en cada herida.

19.

La palabra «secreto» hace un gesto hacia adentro, de cerrar.

20.

Sin los pájaros, se volvería el aire tan vacío que el propio respirar haría daño.

21.

MIRAR el sueño en paz de un niño ancla a cualquie-
ra al mundo. Como si la visión de lo etéreo pidiese a
gritos un eje.

22.

Al mar que se acerca algo a la tierra le salen pies, que se quieren ir del mar y que el propio mar cercena.

23.

GRACIAS a todos aquellos que esperan que me equivo-
que he conseguido llegar a dar menos pasos en falso.
Su foco me hace ver mucho mejor.

24.

El alba nos limpia de la noche. La noche, en cambio, nos limpia de nosotros mismos.

25.

¿Quién no ha estado colgado de una voz, sufriendo
el miedo a caerse?

26.

Eʟ otoño está tan lleno de recuerdos, que muchos árboles acaban perdiendo la cabeza.

27.

No sé bien lo que quiero decir, pero tengo la impresión de que la risa te reconcilia con los otros y el drama te reconcilia contigo mismo. La risa te ayuda a estar. Y el dolor te ayuda a ser.

28.

¿ENVEJECER es ver desnudarse la luz de su idea de origen?

29.

La literatura trabaja con la materia más significante y, por eso, a su vez, trabaja con la materia que más hay que vaciar de los significados que no nos pertenecen, en los que uno no está. La mejor literatura llena más el lenguaje desnudándolo de él.

30.

Miro a una mujer que mira el mar. Y, de repente, es más mar el mar. Y la mujer, de pronto, es más mujer.

31.

LAS personas que no ven cómo las cosas desean a las cosas se pierden buena parte del deseo del mundo. ¿Cómo viven sin esa erótica de la visión?

32.

SOMOS solo una cuestión de óptica. Somos solo preguntas que miran.

33.

Uno pronuncia la palabra «intemperie» y queda más expuesto, al descubierto.

34.

CON la soledad de tantas personas pensando en la noche se podría alzar una noche más honda.

35.

CUANDO nuestro pensamiento se asombra, se ve a sí mismo a una luz más sabia.

36.

COHERENCIA absoluta de la herida. Lo tajante que es hablando. Lo tajante que es callando.

37.

LA perversa alegría que da ver que por algunas personas no ha pasado el tiempo, sino que más bien las ha atropellado.

38.

EL mar levanta un muro que no es un muro. El de su propio misterio. Y ahí se queda: jugando en su jardín.

39.

EL amor y el deseo quizás no nos abran más los ojos,
pero intensifican más que ninguna otra cosa las ganas
de ver.

40.

HAY palabras que matan. Y hay silencios, tras esas palabras, que añaden después la losa.

41.

NUESTROS órganos sensoriales quieren llamar la atención. Solo la piel se retira silenciosa: toda ella hecha tacto.

42.

LA luz sí que juega en serio.

43.

Necesitamos más fugas para estar más en nosotros.

44.

Lo sutil siempre está yéndose, pero cuando lo atrapas se queda de otra forma y para siempre.

45.

EN mis pensamientos siempre hay gente que pasaba por allí. Quien no sé si está soy yo.

46.

Aprender ante la desnudez a quedar sin argumentos.

47.

EL infinito tiempo de la arena en la playa. El infinito tiempo de la ola que vuelve. El infinito tiempo de la luz que da en ellas. Así es como lo eterno se da a ver.

48.

Un poema en cierto modo ha de comportarse como un gato. Ha de estar conectado, a la vez, con todo lo cercano y lo lejano.

49.

En el silencio mi mente se siente más predispuesta
a pensar lo que no tiene nombre.

50.

A veces verlo claro impide ver.

51.

Era dueña de la mejor ternura: acariciaba destejiendo el yo.

52.

¿La elipsis poética es más tijera o ala?

53.

Me gustan las imágenes en las que el movimiento forma parte del sentido.

54.

CONVIERTO el horizonte en guiño cómplice y apren-
do en él misterio y seducción.

55.

La lluvia lo toca todo, leve. Lo abarca todo, humilde. Lo quiere todo, rota. La lluvia, esa aforista.

La óptica sutil
DE LORENZO OLIVÁN,
IX PREMIO DE AFORISMOS
RAFAEL PÉREZ ESTRADA,
ACABÓ DE IMPRIMIRSE EL
30 DE NOVIEMBRE DE
2024